SeaEagle

SeaEagle

讓你感動
一輩子的禮物

The Gift That Touches Your Heart Forever

我想寫一本故事書，可以看幾十遍的故事書。
我想送你一個禮物，讓你感動一輩子的禮物……

著 陶淵亮
繪 屠龍

【序】我喜歡故事

我想寫一本故事書——一本會影響你一生的故事書，

可以讓你看上幾十遍的故事書。

所以，我開始找資料，我的志願宏大，

想把這本書當作你一輩子的禮物。

這個禮物出來了。

我自己選的，我自己編的。

我不知道已經看過多少遍，

現在回頭再看一次，感覺又完全不一樣。

我不知道你看完這本故事書的感覺會是怎樣，

但是我希望你可以喜歡它。

因為……我喜歡它！

目錄

目錄

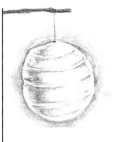

01 | 提燈 |

村子裡住著一個雙眼全瞎的老頭子，

每到晚上，總看著他提著一個明亮的燈籠外出，

每個人看在眼裡，都十分不解。

終於有一天，小李子忍不住上前去問他：

「老爺爺，你眼睛又看不見，

為什麼還要提著燈籠走路呢？」

老頭聽了，這才慢條斯理地回答說：

「我提燈當然不是為了我自己照路的，

而是為了給別人照亮用的。

這樣別人能看見我，

不但幫助了別人，也保護了我自己。」

02 | 戰士與驢子 |

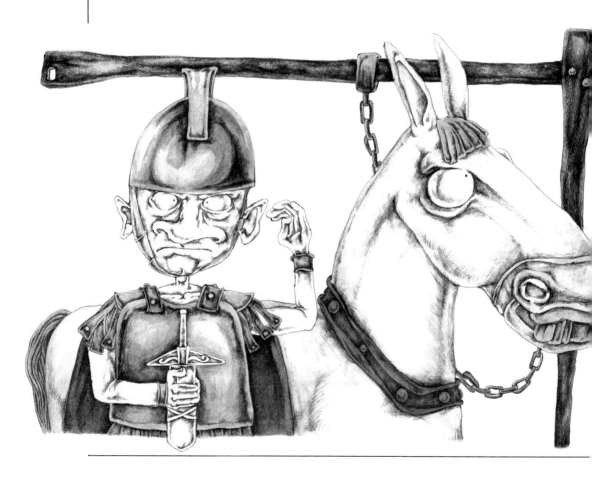

從前有一個國家，

遼闊的版圖正是來自許多次漂亮的勝仗。

將軍麾下有一名戰士，

對於自己長年服役，跟著將軍出生入死，

理當升官，向將軍提出這個要求。

「報告將軍，我應該升到更重要的階級，

因為我參加過十次重要的戰役，

經驗已經很豐富！」戰士說。

將軍是一個有高明判斷力的人，

他不認為這個戰士有能力可以升官。

於是，他隨意指向綁在軍營旁的驢子說：

「親愛的戰士，請你仔細地看著這些驢子，

牠們至少參加過二十次戰役。

但是，牠們仍然是驢子。」

03 | 態度決定命運 |

阿三、阿德、阿樂三人正在砌一堵牆。

路過的人問他們：「你們在做什麼？」

阿三不高興地說：「沒看見嗎？砌牆！」

阿德抬頭笑了笑，說：「我們在蓋一幢房子。」

阿樂笑得很燦爛，

開心地說：「我們正在建造一座城市。」

十年後，阿三在另一個工地上砌牆；

阿德坐在辦公室中，畫起了建築設計圖；

阿樂，正是他們兩個人的老闆。

04｜薪水｜

有兩個年輕人，同時受雇於一家店，拿同樣的薪水。

過了一段時間之後，叫阿諾的小伙子薪水扶搖直上，

叫阿布的小伙子薪水卻一直原地踏步。

阿布跑到老闆那裡發牢騷，「你想要知道原因嗎？」

老闆說，「你現在到市場看一下，有什麼東西可以賣的？」

阿布立刻跑到市場，回來以後向老闆報告：

「今天市場只有一個農夫拉了一車的馬鈴薯在賣。」

「有多少馬鈴薯？」老闆問。

阿布立刻又到了市場，回來回答說有四十袋。

「價格是多少？」阿布第三度來到市場，回來向老闆報告價格。

「好！你現在站在旁邊，看別人是怎樣說的？」老闆說。

很快地，阿諾也從市場回來，並且向老闆報告：

「到目前為止，市場只有一個農夫在賣馬鈴薯，總共有四十袋，

一袋是一百五十元，馬鈴薯的品質還不錯，所以我帶了一個回來。

此外，這個農夫還表示，他家裡還有許多番茄，價格非常公道。

昨天店裡的番茄賣得不錯，存量也不多了，我想您一定會有興趣。

所以，我把這個農夫帶過來了，現在正在外面等著！」

這時，老闆轉過頭對阿布說：

「現在，你知道薪水比別人少的原因了吧！」

# 05｜退休的禮物｜

老李做了四十年的木匠，最近想要退休了，

他向老闆提辭呈，準備回家享受天倫之樂。

老闆對於一身好手藝的老李有些不捨，

再三挽留，但是老李心意已決，老闆沒辦法只能同意，

但是最後提出，希望他再幫忙蓋一幢房子，老李勉強答應。

在蓋房子的過程中，很明顯地，老李的心已經不在工作上，

用料不再嚴格，做工也不再仔細，

設計已經沒有往日的水準。

但是老闆什麼都沒說，只是在房子蓋好以後，把鑰匙給了老李。

「這是你的房子。」

老闆說，「這是我送給你的禮物。」

老李愣住了：「我一生蓋了多少好房子，

最後卻給自己蓋了一幢最爛的房子……」

06 | 鍍了銀的玻璃 |

一個非常有錢但是十分吝嗇的富翁，跑去找一位智者。

智者問：「你想祈求什麼？」

富翁回答：「我想得到人們的尊重。」

智者將富翁帶到一扇窗戶前面，

智者問：「你看到什麼？」

富翁說：「人們！」

智者又將富翁帶到一面鏡子前面，

問：「現在你又看到什麼？」

富翁說：「自己！」

智者說：「窗戶和鏡子都是玻璃做的，

但是鏡子上鍍了一層銀粉，

單純的玻璃讓你看到人們，鍍上銀粉的玻璃，

卻讓你只看到你自己。」

07｜氣呼呼｜

有一天，美國的陸軍司令史坦頓氣呼呼地跑去找林肯。

「那個傢伙實在太可惡了！」史坦頓向林肯告狀。

「你可以寫一封信罵他。」林肯笑嘻嘻地說。

史坦頓立刻拿出紙筆，

寫了一封措辭非常強硬的信，然後交給林肯。

「對！就是這樣，好好的訓他一頓，

哈哈！你這封信寫得太好了！」

史坦頓十分得意，於是取來信封，將信紙裝進信封。

林肯問：「你在做什麼？」

「寄出去啊！」史坦頓驚訝地回答。

林肯說：「不要鬧了！趕快把那封信燒掉吧，

生氣的時候寫的信，

我都是這樣處理的。這封信寫得很好，

我想你在寫的時候，氣已經消了不少，

現在你可以重寫第二封了。」

08│距離你最近的成功│

法國的一家報社進行一次有獎徵答，題目是：

「如果法國的羅浮宮發生大火，

大火的情況只允許你救出一幅畫，

你會救哪一幅？」

結果，得到第一名的答案是：

「距離出口最近的那幅畫。」

09 | 小目標 |

山田本一是一位非常著名的馬拉松選手，他獲得許多次國際馬拉松比賽的冠軍，他為什麼會成功？

山田本一在他的自傳中是這樣說的：「在每次比賽之前，我都會坐車把比賽的路線仔細看一遍，並且把比較醒目的標誌畫下來。

例如：第一個標誌是銀行，第二個標誌是一棵大樹，第三個標誌是一座紀念碑⋯⋯然後一直畫到賽程的終點。

在比賽的時候，我就以百米的速度往第一個目標衝去，到達第一個目標以後，我又以同樣的速度往第二個目標前進。四十多公里的賽程，就這樣被我分解成十幾個小賽程，直到終點。

剛開始比賽的時候，我不懂得這樣的道理，把目標放在四十多公里外的那條終點線上，結果我跑了十幾公里之後，就被後面那段遙遠的路程給累倒了。」

10 | 成功的秘訣 |

在某個國際機場的候機室中，有幾個不同國籍的人，

在等待轉機的時候正在閒聊，

每個人都想要表現，自己的國家有多麼優秀。

最後決定，每個人要舉出一種酒來證明。

中國人最先拿出做工精細、香味醇美的茅台，

在場的人無不聞之迷醉；

俄國人拿出伏特加，其濃烈的氣味，也讓人不得不臣服其下；

法國人拿出香檳，義大利人拿出葡萄酒，

德國人拿出威士忌。

至此看來，似乎各有千秋，分不出勝負。

這時，只見美國人起身，將全部的酒倒在一個杯子裡，

然後說：「這是雞尾酒！」

語畢，眾人頓時明白美國的民族精神──融合創造，

之所以成為世界之首的原因，

勝負立刻分曉。

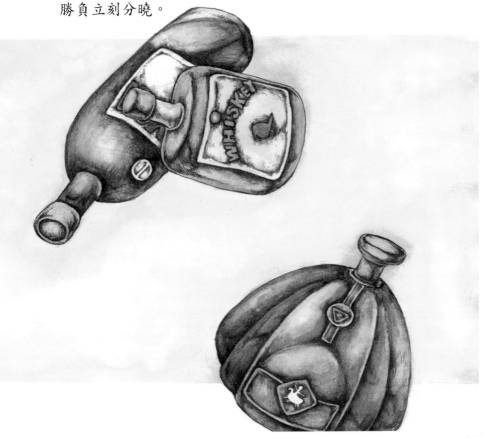

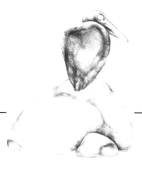

11 | 貪心 |

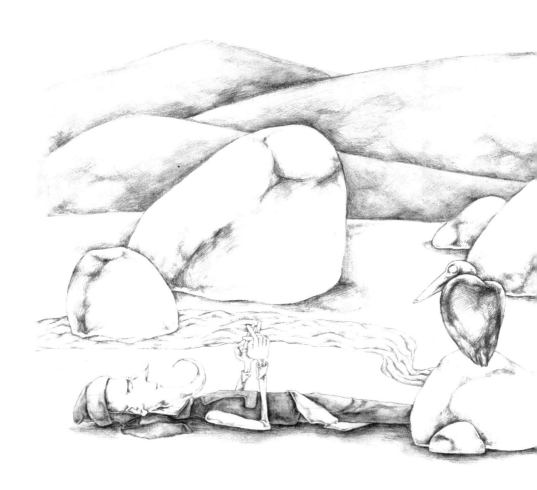

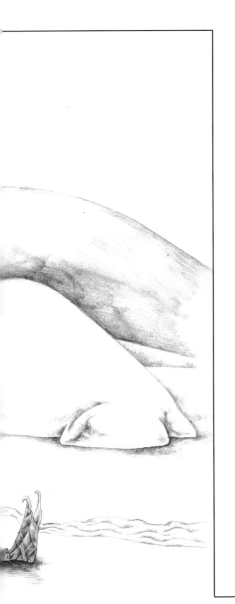

有一個炒地皮的商人，

去拜訪一位住在深山中的地主，

想要向他買地。

地主告訴他：

「你從這邊往南走，

做一個記號，

只要在太陽下山以前走回這裡，

這個範圍裡的地，就是你的。」

但是，一直到太陽完全下山，

這個商人始終沒有回來。

因為，他走得太遠，累死在路上了。

12 | 誰錯了？|

有一家公司招募一批員工，

迎新晚會的時候，老闆和這些員工見面。

「陳端！」老闆叫，全場一片靜默，竟沒有人回答。

「陳端！」老闆又叫了一遍。

此時，一個員工站起來，小聲地說：

「我叫陳瑞，不叫陳端。」

現場只聽到一些細微的笑聲，老闆有些不悅。

就在這個時候，另一個精明的員工站起來，

說：「報告老闆，我是打字員，是我把字打錯了！」

「太草率了！下次小心。」老闆說。

過了不久，公布人事命令，打字員升為公關經理，

那位叫陳瑞的員工，卻被開除了。

13｜接納｜

越戰結束以後，有一個士兵打電話回家：「爸、媽，我
要回來了！」

他有些遲疑地說，「但是要請你們幫忙，我要帶一位朋
友回來。」

「當然好啊！兒子，」父母回答，「我們很高興可以和
他認識。」

「但是，有些事情我必須先告訴你們，」兒子繼續說，

「他在戰爭中受傷了，只剩下一隻手和一條腿，

沒有地方可以去，我想要讓他來我們家一起生活。」

「聽起來蠻可憐的，也許我們可以幫他另外找地方
住。」父母說。

「不！我要他和我們一起住。」兒子堅持地說。

「兒子啊!」父親有些為難地說,「這樣一來,

會給家裡帶來沉重的負擔,我們恐怕無能為力啊!」

聽完這些話,兒子掛上電話,隨即失去聯絡一段時間。

直到有一天,父母突然接到軍方的電話,

被告知兒子從高樓墜下死亡,可能是自殺的消息。

傷痛之餘,父母趕赴現場,赫然發現,

死亡的兒子只剩下一隻手和一條腿⋯⋯

14 | 誰的馬？ |

美國總統華盛頓，年輕的時候有一天，鄰居偷走他的馬。

沒過多久，華盛頓和警察找到這匹馬。

但是，鄰居不承認自己偷馬，反而說那是自己的馬。

華盛頓用手摀住馬的雙眼問鄰居：

「假如牠是你的馬，你可以說出牠的哪隻眼睛是瞎的嗎？」

「左眼。」鄰居回答。

華盛頓把手從左眼移開，馬的左眼閃閃動人，

「啊！我記錯了！」鄰居急忙辯解，「是右眼。」

華盛頓又把手從右眼移開，馬的右眼光明閃亮！

「啊！我又弄錯了……」鄰居還想爭辯，

「夠了！夠了！」警察說，

「這匹馬根本不是你的吧？

華盛頓先生，你可以把馬牽回去了。」

運用智慧，愛馬又回到華盛頓手中。

15 | 擇偶條件 |

有一個王老五單身太久，實在很想娶老婆，

於是走進婚姻介紹所，準備挑選對象。

「先生，從這裡進去有幾個門，每個門上貼有條件，你可以挑選看

看。」接待人員說。

走進去以後，他看到兩個門。

第一個門寫著：「終生的伴侶。」另一個門寫著：「至死不變心。」

忌諱那個「死」字，他推開第一個門。

進去以後，他又看到兩個門，

右邊寫的是：「烏黑的秀髮」，比較喜歡淡黃色頭髮的女性的他，

推開左邊的門，又看到兩個門，

第一個門寫著：「年輕美麗的小姐」，

第二個門寫著：「成熟有經驗的寡婦」，他推開第一個門。

然後，他又看到兩個門，

左邊寫的是：「苗條的身材」，

右邊寫的是：「肥胖，稍微有缺陷」，他推開左邊的門，

又看到兩個門，第一個門寫著：「會做衣服，擅長烹調」，

另一個門寫著：「喜歡旅遊，需要保護」。

當然，會做衣服的小姐贏得他的青睞。

然後又看到兩個門，甲門寫著：「疼愛自己的丈夫」，

乙門寫著：「需要丈夫隨時陪伴」，

他推開甲門，終於到了決定性的兩個門。

第一個門寫著：「生活富裕有遺產」，

第二個門寫著：「依靠微薄薪水過生活」，他往第一個門走去，

心想，終於有完美的結局……

沒想到，打開門以後，竟然到了馬路上！

接待人員走過來交給他一張紙條，

上面寫著：「你已經挑花了眼，人不是十全十美的，

在提出自己的要求之前，應該先看看自己有幾兩重。」

16 | 勇敢面對恥辱 |

美國有一位參議員，壯年的時候罹患小兒麻痺，

當時他已經是政壇上炙手可熱的人物，

受到這個打擊，他幾乎要放棄從政了！

剛開始，他都不能動，上下樓梯都要依賴別人，

他下定決心要偷偷練習。

有一天，他告訴家人，他發明一種自己上樓梯的方法，

要表演給他們看。

他先用手臂的力量，將身體撐起來，

挪到台階上，再把腳拖上去，緩慢而逐步地上樓梯。

「你這樣在地上拖來拖去，難看極了！」母親說。

「我必須面對自己的恥辱。」他說。

多年以後，他成為美國總統，他就是羅斯福。

17｜把命運當作使命｜

古希臘神話中，有一個叫做薛西弗斯的人，

因為在天庭犯法，天神處罰他每天要把山下的石頭

推回山上。

薛西弗斯每天花費許多力氣把石頭推上山，

但是他休息的時候，天神就會讓石頭又滑下來，

讓他面臨「永遠的失敗」，磨練他的心智。

但是，薛西弗斯卻很認命，心裡只想著：

「推石頭上山是我的責任，只要我把石頭推上山，

我的責任就完成了。石頭會不會滾下來，那不是我

的事情。」

更進一步，他這樣安慰自己：

「明天還有石頭可以推，明天還有希望。」

天神認為，這樣無法再懲罰他，就讓他回到天庭。

18｜偷喝果汁的狐狸｜

大狐狸和小狐狸一起喝果汁，

大狐狸喝完自己的果汁以後，對小狐狸說：

「你去外面幫我拿一杯果汁。」

小狐狸剛走兩步，就停下來回頭說：

「你一定是想把我支開，然後喝掉我的果汁！」

「怎麼會呢？你在幫我啊！」

大狐狸一再保證，小狐狸終於同意了！

時間一分一秒過去了，一個小時以後，

大狐狸耐心等候……兩個小時過去了，

小狐狸一直沒有回來。

三個小時過去了，小狐狸還是沒有回來，

大狐狸心裡想：

「小狐狸不會回來了，他一個人在外面喝果汁，

怎麼會回來呢？我把他的果汁喝掉吧！」

咕嚕一聲，大狐狸喝掉小狐狸的果汁。

說時遲，那時快，小狐狸跑了進來，

站在大狐狸的面前，氣急敗壞地說：

「我早就知道，你會喝掉我的果汁！」

「你怎麼知道？」大狐狸有些尷尬地問。

「哼！」小狐狸氣憤地說，

「我已經在門外站了三個小時！」

19│你想什麼，就是什麼│

哈佛大學教授羅森塔爾曾經進行一個實驗，

他將小白鼠分成兩組，

把A組交給一個實驗員，

並且告訴他，這一組老鼠非常聰明，

要認真訓練；

把B組交給另一個實驗員，並且告訴他，

這一組老鼠的智力很普通。

過了一段時間，進行迷宮測試，結果發現：

A組的老鼠真的比B組的老鼠聰明許多！

經過瞭解，其實羅森塔爾教授的老鼠是隨機選擇的，

因為兩個實驗員使用不同的方法訓練——

A組實驗員以聰明的方法訓練老鼠；

B組實驗員以為老鼠普通，所以不怎麼訓練，

最後竟然產生教授原本設定的結果。

於是在生活中，你怎麼想，就真的會怎麼樣。

20│換一種思路│

在美國紐約有一個花園，吸引大批的遊客。

花園外面有一個告示牌，寫著：

「檢舉偷花草樹木者，賞金200美元。」

「為什麼不寫：偷花草樹木者，罰金200美元？」

好奇的遊客問管理員。

管理員回答：

「如果那樣寫，只能依靠我的一雙眼睛；

但是現在，可能有幾百雙警惕的眼睛，幫助我們監督！」

21｜滿了嗎？｜

有一個徒弟，跟著師父學習很多年，

覺得本領學得差不多，想要自己創業，於是跟師父說：

「我已經把你的手藝全部學會了，可以出師了吧？」

「什麼是全部學會了？」師父懶洋洋地抬起頭說。

「就是滿了，裝不下了！」徒弟說。

「裝一大碗米來吧！」徒弟照做。

「滿了嗎？」師父問。

「滿了！」

師父抓來一把沙，加入碗裡，沒有溢出來。

「滿了嗎？」師父再問。

「滿了！」

師父又倒了一盅水，仍然沒有溢出來。

「滿了嗎？」

師父說得嚴肅，徒弟已經感悟真正的道理。

「滿與不滿」正是一個人是否可以成就大事的道理啊！

22 | 懦夫與勇者 |

約翰一直住在山邊，始終沒有看過海。

有一次，他到了海邊，那天天氣又濕又冷。

「啊！我不喜歡海，幸好我不是水手，當水手太危險了！」

在海岸上，他遇到一個水手，就和他閒聊起來。

「你怎麼會喜歡海？那裡又濕又冷。」他問。

「海不是經常如此的！有時候，海也是明亮而美麗，

無論任何天氣，我都喜歡海。」水手說。

「當水手不是很危險嗎？」約翰問。

「如果一個人熱愛他的工作，就不會想到危險，

我們全家都喜歡海。」水手說。

「你的父親現在在哪裡？」約翰問。

「他死在海裡。」

「你的爺爺呢？」

「死在大西洋裡。」

「你的兄弟呢？」「他在印度游泳的時候，被鱷魚吃掉了！」

「既然這樣，」約翰說，「如果我是你，永遠不會到海裡。」

「你可以告訴我，你的父親死在哪裡嗎？」水手問。

「啊，他是在床上斷氣的。」約翰說。

「你的爺爺呢？」「也是死在床上。」

「這樣說來，如果我是你，」水手說，「永遠不會到床上。」

23 | 推銷的藝術 |

一家電器公司的老闆問推銷員，為什麼這個地區的業績這麼差？

推銷員說，這裡的人一毛不拔，而且對公司很有意見，

很難拓展業務。老闆不相信，決定自己去試試看。

他走近一戶人家，敲敲門，老太太開門以後又立刻關上。

他再敲一次，老太太又開門了，

並且把對這家公司的不滿全部發洩出來。

「我不是來推銷東西，只是想買一些雞蛋。」老闆說。

老太太把門打開一些，懷疑地看著。

「我注意到你有那麼多漂亮的多明尼克雞，

我想買一斤雞蛋。」老闆說。

「你怎麼知道我的雞是多明尼克雞？」老太太問，門已經全開。

「喔！因為我自己也養雞，但是我從來沒有看過這麼漂亮的雞。」

「你為什麼不吃自己的雞蛋？」

老太太提出最後的懷疑，但是已經走出來了。

「因為我的雞蛋是白蛋，

你知道，做蛋糕的時候，白蛋是比不上棕蛋的。」

老闆說話的同時，注意到老太太家有一個牛棚，就繼續說，

「我敢說你養雞賺的錢，絕對比你丈夫養的牛賺得多。」

聽到這些話，老太太非常高興，因為這是真的。

老太太帶著老闆參觀她的雞舍，並且徵詢他的意見：

「像鄰居一樣，裝上電器好不好？」

兩個星期以後，老闆成功地把電器賣給老太太。

24│五分硬幣的啟示│

有一個小孩家裡很窮，個性沉默寡言，

街坊鄰居經常開他玩笑，說他是傻孩子。

例如：拿一枚五分硬幣和一角硬幣要他選，

每次他都選五分硬幣，從來不拿一角硬幣。

有一次，一個女人看他憨厚，就問他：

「你怎麼不拿一角硬幣，

你不知道那個比較值錢嗎？」

「當然知道，夫人！」他說，

「可是如果我拿了一角硬幣，

他們就不會再把硬幣丟在我面前，

這樣一來，我連五分硬幣也沒有了！」

傻孩子的智謀，

讓他長大以後成為美國第九任總統，

他就是威廉・哈里森。

25 | 裝滿沙子的水壺 |

有一支來自美國的探險隊，在橫越撒哈拉沙漠的時候，

在炎烈的太陽下，每個隊員都面臨極大的考驗。

最要命的是，每個人的水壺都空了！

此時，隊長拿出唯一的水壺跟隊員們說：

「這裡還有一壺水，但是穿越沙漠以前，誰也不能喝。」

水壺在每個隊員的手中經過，

沉甸甸的水壺，成為這個艱辛的過程中，最大的信念。

最後，探險隊終於完成跋涉，

遠離死神，每個人都哭了，

隊長用顫抖的手打開那個支撐眾人的偉大水壺——

緩緩流出的，竟然是滿滿的一壺沙子。

26|天使不發怒|

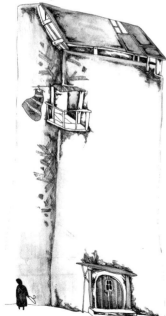

有一個老太太在八樓晾衣服，

不小心把衣架掉到樓下，

正好砸到路人甲的頭上。

路人甲拾起衣架，

氣沖沖地往樓上衝去，

想要找人理論。

爬到六樓的時候，

遇到正在下樓的老太太。

老太太笑容可掬地說：

「真是的，我自己下樓撿就好了，

還麻煩你幫我拿上來，謝謝你！」

「……」路人甲愕然。

27 | 以子之矛，攻子之盾 |

林肯小時候，

就展現出他超人的才智。

有一個老師千方百計想要難倒林肯，

一天上課的時候，他問林肯：

「你願意回答一道困難的題目，

還是回答兩道容易的題目？」

「回答一道困難的題目吧！」

不出所料，林肯這樣選。

「好，請你回答，蛋是怎麼來的？」老師問。

「母雞生的。」林肯回答。

「那麼，雞又是哪裡來的？」

「老師，」林肯說，「這是第二個問題了。」

28｜抓住機會的好牌｜

《紐約時報》有一位著名的記者，

他最津津樂道的，是他得到這份工作的過程。

當時，他十分緊張地在辦公室外面等待，

履歷表已經送進去了，過了一會兒，

一個員工出來說：「經理要看你的名片。」

他從來都沒有名片，於是靈機一動，

拿出一副撲克牌，抽出一張黑桃Ａ說：

「給他這個。」

半個小時以後，他被錄取了。

黑桃Ａ真是一張好牌。

29 | 勇氣的意義 |

有三個不同國籍的海軍上將,談起誰最勇敢?

德國將軍說:

「我告訴你們什麼是勇氣!」他找來一個水手,

「你看到那根一百公尺高的旗竿嗎?我希望你爬到頂端,

舉手敬禮以後,跳下來!」德國水手照做。

「啊!真棒!」接著,美國將軍命令一個水手,

「看到了嗎?我要你爬到那根兩百公尺高的旗竿頂端,

敬禮兩次,然後跳下來!」美國水手照做。

「啊!真是勇敢!」英國將軍也叫來一個水手,

「你看到那根三百公尺高的旗竿嗎?請你爬上去,

敬禮三次,然後跳下來!」

「什麼?你要我這樣做?先生,你一定是瘋了!」

英國水手說。

「瞧!各位,」英國將軍得意地說,

「這才是真正的勇氣。」

30 | 不放棄　不失敗 |

牛津大學曾經舉辦一個「成功秘訣」的講座，

邀請當時以政治家、外交家、文學家聞名的邱吉爾來演講。

到了演講的那一天，會場簡直擠爆了！

媒體和民眾如潮水般洶湧而來，翹首盼望。

邱吉爾先用手勢止住熱烈的掌聲，

所有人安靜下來，屏息以待。

「我成功的秘訣有三個，」他停頓一下，

「第一是，絕不放棄；

第二是，絕不、絕不放棄；

第三是，絕不、絕不、絕對不能放棄。

我的演講結束了！」

說完，他立刻下台。

全場愕然，隨即響起如雷掌聲，久久不停。

31｜換一個角度｜

有一個老師，遇到一個哭鬧不已的孩子。

為了轉移他的注意力，老師把一張地圖撕得粉碎，

灑在地上，跟孩子說：

「孩子，你如果可以把這些再拼回來，

我就給你五毛錢。」

結果不到十分鐘，孩子就拼好了！

「你怎麼拼得這麼快？」老師問。

「啊，在地圖的背面是一個人像，

我把這個人像的照片拼在一起，然後翻過來，」

孩子輕鬆地說，

「我想，如果這個人像是正確的，

這張地圖就是正確的。」

老師微笑地遞給他五毛錢。

32 | 愛需要被感動 |

有一對夫妻慶祝結婚六十週年，
受到子孫們和朋友們的祝福，
回到他們安靜的家，
整天的心情都非常好。

到了傍晚，肚子有一點餓，
就準備自製的麵包和咖啡，
老先生如常地切下麵包的尾端，
送到老太太的面前。
老太太突然生氣地說：
「這六十年來，你總是切麵包的尾端
給我，
完全不顧及我的感受，我受夠了！」
老先生驚訝不已，一時說不出話來。
等到老太太稍微息怒以後，
老先生小聲地對她說：
「親愛的，我最喜歡的，
就是這一段尾端。」
「……」老太太默然。

33 | 最有錢的人 |

有一個年輕人，一天到晚埋怨自己時運不濟，

總是發不了財，整日愁眉苦臉。

某天，他遇到一位頭髮蒼白的老人，老人問他：

「年輕人，你在煩惱什麼？」

「我不知道自己為什麼這麼窮？」

「會嗎？你很富有啊！」

「為什麼這麼說？」年輕人非常疑惑。

老人沒有回答，反而問他：

「假如砍掉你一根手指頭，給你一千元，你要不要？」

「當然不要！」

「假如砍掉你一隻手，給你一萬元，你要不要？」

「不要！」

「假如要你立刻死掉，給你一千萬元，你要不要？」

「不要！」

這時，老人慢條斯理地說：

「這就對了！你已經有超過一千萬元的財富，

為什麼還覺得自己窮？」

34｜找回自己的傘｜

小林的傘被偷了，貼出告示以後效果不好，

感到非常煩惱。

朋友見狀，問他：

「你的告示是怎麼寫的？」

他掏出告示給朋友看，只見上面寫著：

「上個星期天，在車站遺失一把黑傘，

如果有仁人君子拾獲，

請送至台十路八號，將會致贈兩百元，謝謝！」

「來！我來幫你試試。」

朋友願意幫個小忙，過了不久，

就看到另一張告示，

上面寫著：「上個星期天，

有人看到某人帶走一把黑傘。

把傘帶走的人，如果不想惹麻煩，

請將傘送回台十路八號。這個人是誰，眾人皆知。」

兩天後，小林走出家門，嚇了一跳——

黑傘終於失而復得……但是卻多出許多把黑傘，

其中還附有字條，寫著：

「傘還給你，我不是故意的，請你不要說出去！」

35 | 可口可樂的曲線瓶 |

羅特是一個玻璃瓶工廠的工人，

有一天和女友約會的時候，

看到她穿著一件線條優美性感的裙子，

上窄下寬，腰際處愈顯纖細，受到很多人

羅特也發現這件裙子的奧妙之處，

突然，靈機一閃，頭也不回地飛奔回去，

不顧女友的咒罵。

回到家以後，羅特拿出紙筆，

畫出一個新樣式的瓶子，

經過實驗以後發現，

這種瓶子不僅美觀，

裡面的液體看起來比實際更多。

沒過多久，美國可口可樂公司就以六百萬美元，

買下羅特的專利權，

可口可樂經典的瓶子，於焉產生。

36 | 八元的蘿蔔 |

張大嬸到菜市場買菜，遇到菜販老李。

老李非常親切，讓人不買他的菜好像會對不起他似的，

於是張大嬸跟他買了幾個蘿蔔。

「八元。」老李說。

張大嬸給了一張百元紙鈔，

「我找不開啦！」老李說。

「可是我沒有零錢啊！」張大嬸說。

「那就算了！下個星期同一個時間，我還會在這裡，

到時候再給我吧！」老李說。

過了一個星期，張大嬸又看到老李，

老李依然親切，卻完全沒有提到錢的事情。

「要買什麼嗎？」老李笑著問。

張大嬸挑了小黃瓜，連同上次的八元，總共付了十五元

給老李。

「大嬸，你真是有信用啊！」老李說。

「是你先信任我的啊！」

張大嬸發現——信任別人，

也值得別人信任，快樂竟然如此容易！

37｜生命真正的價值｜

有一個在孤兒院長大的男孩，

經常沮喪地問院長：

「我從小就沒有人要，活著幹嘛？」

有一天，院長要他拿一顆石頭去市場賣，

「無論對方出多少錢，你都不要賣掉，記住喔！」院長叮嚀他。

男孩照做了，連續三天，他都到市場，

已經有人喊價喊到十萬元，男孩聽從院長的話，說什麼也不賣。

一段時間過去了，石頭已經被傳為「稀世珍寶」，

甚至有一個收藏家跑來，開出十倍價錢，希望可以說服男孩。

男孩非常高興，回去找院長。

院長告訴他：

「生命的價值就像這顆不起眼的石頭，

由於你珍惜，就會提升它的價值，成為稀世珍寶。

你就像這顆石頭一樣，只要你看重自己，

珍惜自我，生命就有意義，自然價值不凡。」

38│你敢不敢說？│

有一天晚上，老張帶著妻子到戲院，看一場經典電影。

就在放映的期間，前座一對情侶竊竊私語，

老張仔細一聽，

原來是那個女孩在說著她已經知道的劇情發展，

每次劇情演到的時候，她就會跟男友說：

「你看，我說吧！」

老張忍不住，低聲跟那個女孩說：

「小姐，如果你可以用眼睛看電影，我們會非常感謝你。」

女孩向男友抗議一下，隨即安靜下來。

老張的妻子有些擔心：

「這樣不太好吧！她的男友看起來不太友善。」

到了中場休息時間，老張到外面販賣機買飲料，

突然看到前座那個男人向他走來，

老張深吸一口氣，做好心理準備，

看這個魁梧的男人要做什麼？

「先生，謝謝你！」他說，

「我實在沒有勇氣跟她說。」

39｜天註定的｜

上帝製造驢子的時候，跟牠說：

「你是驢子，要從早到晚不停地工作，背上還要馱重物，

吃的是青草，只是缺少智慧，生命有50年。」

驢子說：「要這樣生活50年，太辛苦了，可以不要超過

20年嗎？」上帝答應了。

上帝製造狗的時候，跟牠說：

「你要做人類最好的夥伴，隨時警惕危險事情，

吃的是人類的殘食，生命有25年。」

狗說：「25年？太長了吧！可以不要超過10年嗎？」上

帝也答應了。

然後換猴子，上帝跟猴子說：

「你要掛在樹上，像傻瓜般逗人笑，生命有20年。」

猴子也不要，只想要10年就好，上帝也答應了。

最後製造人類，上帝說：

「你要理性地活在世界上，用智慧控制一切，

主導萬物，生命有20年。」

「20年？太短了吧！可以將驢子不要的30年、

狗不要的15年、猴子不要的10年全部給我嗎？」

上帝同樣答應了。

結果，人類好好地活了20年，然後成家有責任，

變成辛苦工作、背馱重擔的驢子；

有了孩子以後，像狗一樣隨時守護自己的孩子，

吃光他們碗裡的食物；老了以後，又像猴子一樣，

像小丑般逗弄自己的孫子。

這些都是天註定的。

40 | 幸福在哪裡？ |

有一個二十出頭的小伙子，

匆匆忙忙地走過人群，

完全不顧周遭景色，有人攔下他，問他：

「你這樣匆忙，是在追求什麼嗎？」

「不要擋路，我在追求幸福！」

小伙子說完，頭也不回地跑掉。

很快地，二十年過去了，

小伙子變成中年人，還是行色匆匆，

又被人攔住：

「嗨！你在追求什麼？」

「不要擋住我，我在追求幸福。」他回答。

又過了三十年，他老了！雖然步伐慢了，

但是追求幸福的腳步，依然沒有改變，

又遇到一個人拉住他，

問：「老頭子，還在追求你的幸福嗎？」

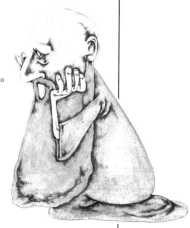

「是啊！」

回答以後，老人愣了一下，掉下了眼淚——

原來，這個人就是幸運之神，

他找了一輩子，幸福竟然一直在身邊。

41 | 每次只敲一下 |

有三個時鐘擺在店裡，有一個時鐘剛組裝好，

另外兩個已經「滴答」很多年。

「你應該工作了，來！」一個老鐘對小鐘說，

「但是我有些擔心，走完三千二百萬次，你恐怕就不行了！」

小鐘一聽，嚇了一跳：

「天啊！三千二百萬次，我一定辦不到！」

「不要聽他胡說！」另一個鐘說，

「你只要每秒滴答一下就可以了！」

「喔！這樣很容易，我試試看。」

小鐘開始輕鬆地維持每秒敲一下。

一年過去了，不知不覺中，

小鐘已經敲了三千二百萬次。

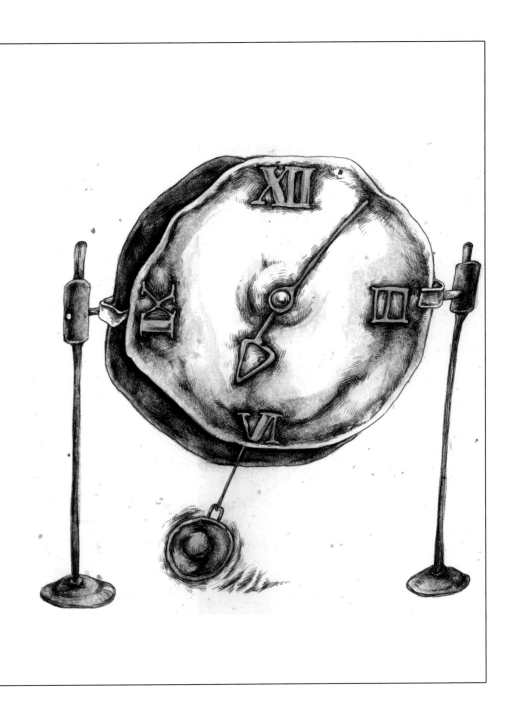

42 | 重質不重量 |

森林中的動物們，

最近興起一場激烈的爭辯，

都在比誰的繁殖能力最好，

才可以爭取森林之王的地位。

結果，老鼠以一胎生得最多，獲得勝利。

個性急躁的老鼠跑去跟獅子說：

「喂！獅子，交出你的王位吧！」

獅子懶洋洋地抬頭看著老鼠：「為什麼？」

「請問，你一胎可以生幾個？」

老鼠不客氣地問，群獸也一起問：「幾個？」

「一個。」

獅子不疾不徐地回答：「但這一隻是獅子！」

全場愕然，然後一哄而散！

讓你感動一輩子的禮物

作者　　　陶淵亮
繪者　　　屠龍
美術構成　驟賴耙工作室
封面設計　斐類設計工作室
發行人　　羅清維
企劃執行　張緯倫、林義傑
責任行政　陳淑貞

企劃出版　海鷹文化
出版登記　行政院新聞局局版北市業字第780號
發行部　　台北市信義區林口街54-4號1樓
電話　　　02-2727-3008
傳真　　　02-2727-0603
E-mail　　seadove.book@msa.hinet.net

總經銷　　知遠文化事業有限公司
地址　　　新北市深坑區北深路三段155巷25號5樓
電話　　　02-2664-8800
傳真　　　02-2664-8801
網址　　　www.booknews.com.tw

香港總經銷　和平圖書有限公司
地址　　　香港柴灣嘉業街12號百樂門大廈17樓
電話　　　（852）2804-6687
傳真　　　（852）2804-6409

CVS總代理　美璟文化有限公司
電話　　　02-2723-9968
E-mail　　net@uth.com.tw

出版日期　2021年11月01日　三版一刷
定價　　　250元
郵政劃撥　18989626　戶名：海鴿文化出版圖書有限公司

國家圖書館出版品預行編目（CIP）資料

讓你感動一輩子的禮物 ／ 陶淵亮作.
-- 三版. -- 臺北市 ： 海鴿文化，2021.11
面 ； 公分. --（心學堂；13）
ISBN 978-986-392-393-0（平裝）

1. 人生哲學　2. 修身

191　　　　　　　　　　　　　　110016094

SeaEagle

SeaEagle